THE LORD CHANDOS LETTER

Hugo von Hofmannsthal

THE
LORD CHANDOS
LETTER

Translated by Russell Stockman

THE MARLBORO PRESS
MARLBORO, VERMONT
1986

CONTENTS

A LETTER

This is the letter that Philipp, Lord Chandos, the younger son of the Earl of Bath, wrote to Francis Bacon, later Lord Verulam and Viscount St. Albans, in apology to his friend for his total renunciation of literary activity.

It was kind of you, my esteemed friend, to overlook my silence of the past two years and write me as you did. It was more than kind of you to express your concern for me, your astonishment at the intellectual debility into which I appear to you to be sinking, with just that air of levity and wit that only great men, wholly conscious of the vagaries of life but nonetheless undaunted, can command.

You close with the aphorism from Hippocrates, "Qui gravi morbo correpti dolores non sentiunt, iis mens aegrotat," implying with it that I should seek medication not only as a check against the spread of my illness, but also, and more especially, to stimulate a proper awareness of my inner condition. I would like to respond in a manner such as you deserve from me, to be utterly candid with you, and yet I do not even know how to begin. I scarcely even know whether I am still the person to whom your precious letter is addressed. Am I now, at twenty-six, the same man who at nineteen dashed off *The New Paris*, *The Dream of Daphne*, the *Epithalamium*, those pastorals that stagger under the splendor of their words, but that our celestial Queen and certain all-too-indulgent lords and gentlemen are gracious enough to remember still? Or again, am I the man who at twenty-three, beneath the stone arcades of the great piazza in Venice, suddenly hit upon the key to the Latin cadence, and then took greater delight in erecting a theoretical foundation and scaffolding for that structure than in the buildings of Palladio and Sansovin rising from the sea? And is it possible, if indeed I am the same, that my inscrutable inner self should have so completely shed all scars and traces of that most ambitious of my intellectual exertions that from your letter, which lies here before me, the title of my little treatise should stare up at me like something foreign and cold; that I should not immediately comprehend it as a standard juxtaposition of terms but only word for word, as though its Latin phrases, so arranged, were striking my eyes for the very first time? Yet of course I am he, and there is but rhetoric in these questions: rhetoric, which is effective enough with ladies or in the House of Commons, but which is highly overrated by our contemporaries, and incapable of penetrating to the inner life of things. And it is precisely my inner life— some oddity, some flaw, some distemper of my spirit, if you will—that I must explain to you if you are to recognize that the gulf lying between me and the literary works I seem meant to write is quite as forbidding as the one that cuts me off from those of the past, which are now of so little interest to me that I hesitate to call them my own.

I do not know what to marvel at more, the urgency of your concern or the amazing keenness of your recollection as you once more hold up to me the various little projects that inflamed me in those days of delicious enthusiasm we shared. Yes, it is true, I had once intended to portray the early years of the reign of our glorious departed sovereign, the eighth Henry. Notes on his negotiations with France and Portugal left behind by my grandfather, the Duke of Exeter, were to provide me with a kind of framework. And in those delirious days there flowed into me from Sallust, as though through ducts that had never run dry, the perception of form: the deep, true, essential form that one can only begin to sense beyond the preserve of rhetorical artifice; that form of which it is not enough to say that it lends order to its material, so completely does it permeate and transfigure it, creating poetry and truth together, a play of eternal forces, a thing as glorious as music or algebra. That was my favorite scheme.

But what is man that he should scheme?

I also toyed with other ideas, and your good letter calls them to mind as well. Each of them sated with a drop of my life's blood, they dance before me like miserable gnats in front of some dismal wall no longer warmed by the sunlight of happier days.

I wanted to elucidate the fables and mythological tales handed down to us by the ancients, those endless sources of naive delight for painters and sculptors, as hieroglyphs of an arcane, inexhaustible wisdom, a breath of which I had convinced myself I could feel at times as though through a veil.

I remember the plan well, but I no longer know what sensual or intellectual urges lay behind it. As the hunted stag strains toward water, so did I yearn to cast myself into those naked, radiant bodies, those sirens and dryads, Narcissus and Proteus, Perseus and Actaeon; I wished to become one with them and to speak forth from them in tongues. I wished. Yes, I wished to do all manner of things. I thought of starting an *Apophthegmata* of the sort Julius Caesar compiled—you will recall the mention of it in one of Cicero's letters. In it I proposed to collect the most memorable utterances I could glean from my contacts with the learned men and brilliant women of our age, as well as with noteworthy commoners and persons of cultivation and distinction encountered on my travels. With these I meant to combine choice maxims and reflections from the works of the ancients and the Italians, and whatever else in the way of deft turns of phrase I might come upon in books, in private papers, or in conversation. I also intended to include details of especially memorable banquets and masques, remarkable crimes and manifestations of folly, descriptions of the greatest and most representative architectural monuments of the Low Countries, France, and Italy, and much more besides. Yet all of this was to be called simply *Nosce te ipsum*.

To be brief, at that time, and in my condition of almost perpetual intoxication, the whole of existence struck me as one vast unity. The intellectual and physical spheres appeared to be no more contradictory than did the life at Court and that of animals, than art and non-art, or than solitude and society. I perceived nature in all things: in the aberrations of madness as surely as in the most exacting refinements of Spanish ceremonial, in the crudest antics of young rustics no less than in the sweetest of allegories. And in all of nature I perceived my own self. It made no difference whether I was at my hunting lodge, gulping warm, frothy milk that some strapping farmhand had coaxed down into his wooden pail from the udder of a lovely, soft-eyed cow, or ensconced in the window seat of my study, drinking in sweet, frothy nourishment for the soul from one of my folios. The one was like the other, neither was inferior, whether with respect to its dreamlike other-worldliness or in its physical immediacy, and so it was on either hand across the whole breadth of life. Everywhere I felt myself at the center; never was I conscious of deceptive appearances. Or rather it seemed to me as though everything were simply metaphor, each creature a key to the next, and that I was the one person capable of snatching up one after the other by the scruff of the neck and with them unlocking as many of the others as possible. This helps to explain the title I meant to bestow on that encyclopedic volume.

To anyone disposed to such thoughts, it may seem but the well-laid plan of a divine Providence that my spirit should have shrunk back from such inflated arrogance into the extremes of dejection and inertia that now make up my chronic inner state. But religious concepts of that sort have no power over me; they are but some of the cobwebs through which my own thoughts dart on their flight out into the void, while so many of their fellows catch there and come to rest. For me, the mysteries of faith have coalesced into a single, sublime allegory, arching across the fields of my life like a luminous rainbow, forever a fixed distance away, always poised for retreat if I should be so rash as to fling myself forward in a desire to bury myself in the hem of its cloak.

But earthly concepts, my excellent friend,

tend to withdraw from me in just the same way. How shall I attempt to describe for you these singular spiritual torments, the sudden upward rushing of branches of fruit above my outstretched hands, the welling back of gurgling water from my thirsty lips?

My situation, in short, is this: I have utterly lost my ability to think or speak coherently about anything at all.

At first it only gradually became more difficult for me to discuss any loftier or more general topic, and in so doing to take into my mouth the words that everyone is in the habit of using without thinking. I felt an unaccountable discomfort whenever I simply tried to pronounce the words "spirit," "soul," or "body." I found myself inwardly incapable of expressing an opinion about affairs at Court, the issues before Parliament, or what you will. And not out of any sense of discretion, mind you, for you know that I can be frank to the point of flippancy; but rather because the abstract words that the tongue necessarily shapes when passing any kind of judgment simply fell to dust in my mouth like decaying mushrooms. Once it happened that I was obliged to reprove my four-year-old daughter, Katharina Pompilia, for telling some childish falsehood, and to apprise her of the necessity of always being truthful; while doing so, the concepts bubbling up into my mouth suddenly assumed such irridescent coloring and became so blurred that, choking through to the end of my sentence as best I could like one taken ill, and in fact grown quite ashen and with a great pounding at my temples, I left the child to herself, slamming the door behind me, and only managed to recover somewhat after spurring my horse to a breakneck gallop across the lonely pastures.

Little by little, this infection then spread like some insidious rust. Even in the most prosaic, everyday conversation, all of those opinions that one tends to produce with somnambulant assurance struck me as being so suspect that I finally had to refrain from taking part in such exchanges altogether. Only with great effort could I contrive to hide the unaccountable rage that filled me whenever I heard comments like: this matter turned out well for this person or badly for that one; Sheriff N. is a wicked man, Pastor T.

a good one; Farmer M. is to be pitied, for his sons are wastrels, while some other one is fortunate in having such frugal daughters; this family is making quite a name for itself, but that one has had its day. All of this seemed so undemonstrable to me, so false, so hopelessly full of holes. My intellect forced me to examine at curiously close range all of the things that surface in such conversation. Just as I once saw a bit of the skin of my little finger in a magnifying glass, and found it to resemble a huge field full of ridges and hollows, so it was for me now in my encounters with men and their conduct. I could no longer comprehend them with the simplifying glance of habit. Everything fell into fragments for me, the fragments into further fragments, until it seemed impossible to contain anything at all within a single concept. Disjointed words swam about me, congealing into staring eyes whose gaze I was forced to return; whirlpools they were, and I could not look into them without dizziness, their incessant turning only drew me down into emptiness.

I tried to rescue myself from this condition by escaping into the spiritual world of the ancients. Plato I avoided, for I dreaded his audacious flights of metaphor. Mostly I thought to stick to Seneca and Cicero, hoping to mend in the harmony of their controlled and ordered ideas. But I could not make my way across to them. I understood their ideas well enough, but I found their amazing interrelationships rising up in front of me like glorious jets of water tossing golden balls into the air. I could examine them from all sides and observe their interactions; but they only bore meaning for each other, and my own most profound, most personal thoughts remained forever banished from their circle. Among them I was overcome by a feeling of awful solitude; I felt like someone shut up in a garden with nothing but unseeing statues, and I soon fled into the open once more.

Since then I have led a life such as you will scarcely understand, I fear, so uninspired, so thoughtless is the course of my days—a life, I might add, that is virtually indistinguishable from the lives of my neighbors, my relatives, and most of the landowning gentry of this realm, and one not wholly without its blissful and quickening moments. It will not be easy for me to explain just what constitutes such moments, for again words fail me. There is something ineffable, you see, something one could probably never define, that makes itself known to me at such times, filling like a vessel some arbitrary feature of my everyday surroundings with a prodigal surge of more exalted life. I cannot expect you to comprehend me without specific examples, yet I must beg your indulgence at the triviality of those I select. A watering can, a harrow left standing in a field, a dog in the sun, a run-down churchyard, a cripple, a small farmhouse—any of these can become the vessel for my revelation. Each of them, or for that matter any of a thousand others like them that the eye glides over with understandable indifference can all at once, at some altogether unpredictable instant, assume for me an aspect so sublime and so moving that it beggars all words. Or it may happen that only the remembered image of some object remote from me is suddenly accorded this mysterious distinction of being filled to the brim with that gentle but irresistable flood of divine feeling. Not long ago, for example, I ordered that a generous amount of poison be set out for the rats in the milk-cellars of one of my dairy farms. I then went out riding toward evening, thinking, as you can imagine, nothing further of the matter. Yet as I was cantering across the soft, newly-turned soil of the fields, with nothing more ominous in sight than a startled brood of partridges and the large, setting sun in the distance above the rolling landscape, that cellar, crowded with the death throes of a swarm of rats, suddenly opened up inside me. All of it was there within: the cool, dank cellar air, pregnant with the sweetish, biting smell of the poison; the high-pitched death screams echoing off mildewed walls; the contorted spasms of unconsciousness; all the confused and frenzied dashing about; the crazed lunges toward familiar exits; and the cold leers of rage when two of the beasts collided at a blocked crevice. But why resort to words again, the very words I have forsworn! Do you remember, my friend, the wonderful description in Livy of the hours preceding the destruction of Alba Longa? How the people race aimlessly through the streets they will never see again

... how they take their leave of the very paving stones? I can assure you, good friend, that I carried that famous scene inside me, and the burning of Carthage as well; but this was more, both more divine and more bestial, and it was here and now, in the most sublime, immediate present. There lay a mother with her offspring convulsed about her; she did not deign to look at the dying ones or the pitiless stone walls, but only glowered up into the empty air, or rather through the air into nothingness, accompanying her grim look with gnashing of teeth! — If some helpless, shuddering slave was at hand when Niobe was turned to stone, he must have experienced what I did as the soul of that beast inside me bared its teeth against the monstrousness of fate.

Forgive this description, but please do not assume that it was pity that then took hold of me. You must not think that, for if you do I have chosen a poor illustration. It was both a good deal more and much less than pity: an overpowering empathy, a kind of flowing over into the hearts of those creatures, or a sense that some fluidium of life and death, of dreaming and waking, had for a moment been diverted solely to them—but from what? For how could it have had anything to do with pity, how with any conceivable conjunction of human thought, that on another evening I came upon a half-filled watering can left under a walnut tree by one of the gardener's helpers, the water in it black from the shadow of the tree, and with a water skipper skimming its mirror from one dark margin to the other—that this juxtaposition of trifles should have sent shooting through me, from the roots of my hair to the marrow of my heels, such a thrill at the presence of the infinite that I might have cried out in words that, had I but found them, would have called down the very cherubim in which I do not believe; and that I therefore turned away from the spot in silence, and even weeks later, whenever I caught sight of that tree, chose to pass it by with only a furtive, sidelong glance lest I disturb the aftersense of the miraculous still wafting there about its trunk, disperse the otherworldly tremors still eddying in the shrubbery nearby. At moments like these, even the most abject creature, a dog, a rat, a water bug, a gnarled apple tree, a carriage track winding across the hill, a moss-covered stone, becomes more to me than the loveliest, most yielding partner ever was in my night of intensest passion. These dumb, often inanimate creatures lift themselves toward me with such fullness, such an intensity of love that my enraptured eye cannot light on any lifeless spot anywhere about me. And it strikes me then that everything, everything in this world, everything I can remember, everything that my most wayward thoughts might touch upon, is something after all. Even my own gravity, the accustomed heaviness of my brain, seems to be something to me; I feel such a delightful, seemingly limitless transmutation taking place within and round about me, and there is not one of the elements in that interchange that I could not slip into. I have the feeling that my body is made up of nothing but ciphers, and that all things are therefore accessible to me. Or that we all might enter into a new communication with the whole of existence if only we began to think with our hearts. Yet once the strange enchantment leaves me, I find I am left with nothing to say about it; I could no more relate in reasonable terms what it is that constitutes this harmony that weaves through me and the whole of the world, or how it makes itself felt to me, than I could detail the inner workings of my intestines or the coursing of my blood.

Aside from these rare occurrences, which, moreover, I hardly know whether to attribute to my mind or my body, I live a life of almost unimaginable emptiness, and find it difficult to mask my inner numbness from my wife; or from my staff the indifference I feel regarding the affairs of my estates. The sound, strict upbringing I owe to my blessed father, and my early habit of permitting no hour of the day to pass unfilled, are all, it seems to me, that gives me a certain stability respecting the externals of my life, and permits me a demeanor appropriate to my station and my person.

I am rebuilding one of the wings of my house, and I manage to discourse with the architect now and again about the progress of his work. I oversee my farms, and my tenants and administrators find me no less considerate than before, though perhaps more taciturn. None of them, standing with cap in hand as I ride by in the evening, could have any inkling that my gaze, which he is accustomed to meeting with respect, is actually gliding with secret longing across the rotting boards beneath which he regularly searches for fishing worms, darting through the narrow, barred window into his single, musty room where the low bed in the corner, heaped high with colorful linens, appears to be always in readiness for someone who wishes to die or someone due to be born; that my eye lingers for a long time on his litter of ugly pups or the cat that slowly weaves its way among his flowerpots; that it keeps searching among all the poor, crude appurtenances of the peasant's life for that one object lying or leaning there unnoticed by anyone else, that one object whose unprepossessing form, whose simple, mute existence, can become the source of that puzzling, nameless, but unbounded delight. For my ineffable ecstasy is more likely to be triggered by the sight of a far-off, solitary shepherd's fire than by gazing at the starry firmament; more likely to come from the chirping of one last, dying cricket, when the autumn winds are already driving wintery clouds aross the desolate fields, than from the majestic roar of an organ. And I frequently compare myself in my thoughts to that Crassus, the orator, of whom it is reported that he so came to love his tame moray eel, a dumb, red-eyed, lazy fish in his courtyard pool, that it became the talk of the capital; and when Domitius once accused him in the Senate of having shed tears on the demise of this fish, intending thereby to expose him as a hopeless fool, Crassus responded with: "I merely did at the death of my fish what you did at the death of neither your first wife nor your second."

I cannot say how often this Crassus with his moray has come to mind as a reflection of myself cast up across the abyss of the centuries. But not on account of his response to Domitius, which only brought the mockers over to his side and turned the incident into a harmless joke. The story simply intrigues me, and it would continue to intrigue me even if Domitius had wept bloody tears of genuine anguish over his wives. For there would still be his counterpart Crassus, sobbing over his dead moray eel. About this figure, who seems so obviously ridiculous and comtemptible there in the midst of the Senate, a body used to debating the loftiest issues and ruling the world—about this figure there is a nameless something that forces me to think in a fashion that seems utterly foolish to me the moment I try to put it into words.

At times the image of this Crassus lodges in my mind like a splinter that makes everything around it fester, throb, and burn. When that happens I could almost think that I myself am beginning to ferment, to send up bubbles, to boil and throw off sparks. All of that is only a kind of feverish thought, but thought in a medium more direct, more fluid, more incandescent than words. Whirlpools there are in it too, yet of a kind that does not appear to lead to the abyss like the whirlpools of language, but rather into my inner self and into the deepest womb of peace.

I have burdened you unduly, my dearest friend, with this long account of an enigmatical condition ordinarily kept to myself.

You were so gentle in telling me of your disappointment at having received no new books of mine "to compensate you for doing without my society." As I read your letter, I felt with a certainty that was not without an equal measure of pain, that I will not write any books in English or in Latin in the coming year either, or even in the following one, or in all of the remaining years of my life; and this for but one reason, the strangeness of which I find so distressing that I gladly submit it to your infinitely superior intellect for assignment to its proper place among the spiritual and physical phenomena spread out so harmoniously beneath your untainted eye; namely for the reason that the language in which it might have been given me to write, and even to do my thinking, is neither Latin nor English, nor Italian, nor Spanish, but one of which I know not a single word, one used by the dumbest of things in speaking with me, and one in which, perhaps, I will someday be called to account for myself from my grave before an unknown judge.

I wish that in the last lines of this letter, for all I know the last one I will ever address to Francis Bacon, I could be certain of compressing all the love and gratitude, all the boundless admiration, that I hold in my heart for the greatest champion of my wit and the foremost Englishman of my time, which love I will continue to cherish there in my heart until death make it burst.

Phi. Chandos

This 22nd of August, A.D. 1603

EIN BRIEF

Dies ist der Brief, den Philipp Lord Chandos, jüngerer Sohn des Earl of Bath, an Francis Bacon, später Lord Verulam und Viscount St. Albans, schrieb, um sich bei diesem Freunde wegen des gänzlichen Verzichtes auf literarische Betätigung zu entschuldigen.

Es ist gütig von Ihnen, mein hochverehrter Freund, mein zweijähriges Stillschweigen zu übersehen und so an mich zu schreiben. Es ist mehr als gütig, Ihrer Besorgnis um mich, Ihrer Befremdung über die geistige Starrnis, in der ich Ihnen zu versinken scheine, den Ausdruck der Leichtigkeit und des Scherzes zu geben, den nur große Menschen, die von der Gefährlichkeit des Lebens durchdrungen und dennoch nicht entmutigt sind, in ihrer Gewalt haben.

Sie schließen mit dem Aphorisma des Hippokrates: »Qui gravi morbo correpti dolores non sentiunt, iis mens aegrotat« und meinen, ich bedürfe der Medizin nicht nur, um mein Übel zu bändigen, sondern noch mehr, um meinen Sinn für den Zustand meines Innern zu schärfen. Ich möchte Ihnen so antworten, wie Sie es um mich verdienen, möchte mich Ihnen ganz aufschließen und weiß nicht, wie ich mich dazu nehmen soll. Kaum weiß ich, ob ich noch derselbe bin, an den Ihr kostbarer Brief sich wendet; bin denn ichs, der nun Sechsundzwanzigjährige, der mit neunzehn jenen »neuen Paris«, jenen »Traum der Daphne«, jenes »Epithalamium« hinschrieb, diese unter dem Prunk ihrer Worte hintaumelnden Schäferspiele, deren eine himmlische Königin und einige allzu nachsichtige Lords und Herren sich noch zu entsinnen gnädig genug sind? Und bin ichs wiederum, der mit dreiundzwanzig unter den steinernen Lauben des großen Platzes von Venedig in sich jenes Gefüge lateinischer Perioden fand, dessen geistiger Grundriß und Aufbau ihn im Innern mehr entzückte als die aus dem Meer auftauchenden Bauten des Palladio und Sansovin? Und konnte ich, wenn ich anders derselbe bin, alle Spuren und Narben dieser Ausgeburt meines angespanntesten Denkens so völlig aus meinem unbegreiflichen Innern verlieren, daß mich in Ihrem Brief, der vor mir liegt, der Titel jenes kleinen Traktates fremd und kalt anstarrt, ja daß ich ihn nicht als ein geläufiges Bild zusammengefaßter Worte sogleich auffassen, sondern nur Wort für Wort verstehen konnte, als träten mir diese lateinischen Wörter, so verbunden, zum ersten Male vors Auge? Allein ich bin es ja doch und es ist Rhetorik in diesen Fragen, Rhetorik, die gut ist für Frauen oder für das Haus der Gemeinen, deren von unserer Zeit so überschätzte Machtmittel aber nicht hinreichen, ins Innere der Dinge zu dringen. Mein Inneres aber muß ich

Ihnen darlegen, eine Sonderbarkeit, eine Un-
art, wenn Sie wollen eine Krankheit meines
Geistes, wenn Sie begreifen sollen, daß mich
ein ebensolcher brückenloser Abgrund von
den scheinbar vor mir liegenden literarischen
Arbeiten trennt als von denen, die hinter mir
sind und die ich, so fremd sprechen sie mich
an, mein Eigentum zu nennen zögere.

Ich weiß nicht, ob ich mehr die Eindringlich-
keit Ihres Wohlwollens oder die unglaubliche
Schärfe Ihres Gedächtnisses bewundern soll,
wenn Sie mir die verschiedenen kleinen Pläne
wieder hervorrufen, mit denen ich mich in
den gemeinsamen Tagen schöner Begeisterung
trug. Wirklich, ich wollte die ersten Regier-
ungsjahre unseres verstorbenen glorreichen
Souveräns, des achten Heinrich, darstellen!
Die hinterlassenen Aufzeichnungen meines
Großvaters, des Herzogs von Exeter, über
seine Negoziationen mit Frankreich und Portugal gaben mir eine Art von Grundlage. Und
aus dem Sallust floß in jenen glücklichen,
belebten Tagen wie durch nie verstopfte
Röhren die Erkenntnis der Form in mich
herüber, jener tiefen, wahren, inneren Form,
die jenseits des Geheges der rhetorischen

Kunststücke erst geahnt werden kann, die, von welcher man nicht mehr sagen kann, daß sie das Stoffliche anordne, denn sie durchdringt es, sie hebt es auf und schafft Dichtung und Wahrheit zugleich, ein Widerspiel ewiger Kräfte, ein Ding, herrlich wie Musik und Algebra. Dies war mein Lieblingsplan.

Was ist der Mensch, daß er Pläne macht!

Ich spielte auch mit anderen Plänen. Ihr gütiger Brief läßt auch diese heraufschweben. Jedweder vollgesogen mit einem Tropfen meines Blutes, tanzen sie vor mir wie traurige Mücken an einer düsteren Mauer, auf der nicht mehr die helle Sonne der glücklichen Tage liegt.

Ich wollte die Fabeln und mythischen Erzählungen, welche die Alten uns hinterlassen haben, und an denen die Maler und Bildhauer ein endloses und gedankenloses Gefallen finden, aufschließen als die Hieroglyphen einer geheimen, unerschöpflichen Weisheit, deren Anhauch ich manchmal, wie hinter einem Schleier, zu spüren meinte.

Ich entsinne mich dieses Planes. Es lag ihm ich weiß nicht welche sinnliche und geistige Lust zugrunde: Wie der gehetzte Hirsch ins

Wasser, sehnte ich mich hinein in diese nackten, glänzenden Leiber, in diese Sirenen und Dryaden, diesen Narcissus und Proteus, Perseus und Aktäon: verschwinden wollte ich in ihnen und aus ihnen heraus mit Zungen reden. Ich wollte. Ich wollte noch vielerlei. Ich gedachte eine Sammlung »Apophthegmata« anzulegen, wie deren eine Julius Cäsar verfaßt hat: Sie erinnern die Erwähnung in einem Briefe des Cicero. Hier gedachte ich die merkwürdigsten Aussprüche nebeneinanderzusetzen, welche mir im Verkehr mit den gelehrten Männern und den geistreichen Frauen unserer Zeit oder mit besonderen Leuten aus dem Volk oder mit gebildeten und ausgezeichneten Personen auf meinen Reisen zu sammeln gelungen wäre; damit wollte ich schöne Sentenzen und Reflexionen aus den Werken der Alten und der Italiener vereinigen, und was mir sonst an geistigen Zieraten in Büchern, Handschriften oder Gesprächen entgegenträte; ferner die Anordnung besonders schöner Feste und Aufzüge, merkwürdige Verbrechen und Fälle von Raserei, die Beschreibung der größten und eigentümlichsten Bauwerke in den Niederlanden, in Frankreich und Italien und noch vieles andere. Das ganze Werk aber sollte den Titel »Nosce te ipsum« führen.

Um mich kurz zu fassen: Mir erschien damals in einer Art von andauernder Trunkenheit das ganze Dasein als eine große Einheit: geistige und körperliche Welt schien mir keinen Gegansatz zu bilden, ebensowenig höfisches und tierisches Wesen, Kunst und Unkunst, Einsamkeit und Gesellschaft; in allem fühlte ich Natur, in den Verirrungen des Wahnsinns ebensowohl wie in den äußersten Verfeinerungen eines spanischen Zeremoniells; in den Tölpelhaftigkeiten junger Bauern nicht minder als in den süßesten Allegorien; und in aller Natur fühlte ich mich selber; wenn ich auf meiner Jagdhütte die schäumende laue Milch in mich hineintrank, die ein struppiges Mensch einer schönen, sanftäugigen Kuh aus dem Euter in einen Holzeimer niedermolk, so war mir das nichts anderes, als wenn ich, in der dem Fenster eingebauten Bank meines studio sitzend, aus einem Folianten süße und schäumende Nahrung des Geistes in mich sog. Das eine war wie das andere; keines gab dem andern weder an traumhafter überirdischer Natur, noch an leiblicher Gewalt nach, und so gings fort durch die ganze Breite des Lebens, rechter und linker Hand; überall war ich mitten drinnen, wurde nie ein Scheinhaftes gewahr: Oder es ahnte mir, alles wäre Gleichnis und jede Kreatur ein Schlüssel der andern, und ich fühlte mich wohl den, der imstande wäre, eine nach der andern bei der Krone zu packen und mit ihr so viele der andern aufzusperren, als sie aufsperren könnte. Soweit erklärt sich der Titel, den ich jenem enzyklopädischen Buche zu geben gedachte.

Es möchte dem, der solchen Gesinnungen zugänglich ist, als der wohlangelegte Plan einer göttlichen Vorsehung erscheinen, daß mein Geist aus einer so aufgeschwollenen Anmaßung in dieses Äußerste von Kleinmut und Kraftlosigkeit zusammensinken mußte, welches nun die bleibende Verfassung meines Innern ist. Aber dergleichen religiöse Auffassungen haben keine Kraft über mich; sie gehören zu den Spinnennetzen, durch welche meine Gedanken hindurchschießen, hinaus ins Leere, während soviele ihrer Gefährten dort hangenbleiben und zu einer Ruhe kom-

44

men. Mir haben sich die Geheimnisse des Glaubens zu einer erhabenen Allegorie verdichtet, die über den Feldern meines Lebens steht wie ein leuchtender Regenbogen, in einer stetigen Ferne, immer bereit, zurückzuweichen, wenn ich mir einfallen ließe hinzueilen und mich in den Saum seines Mantels hüllen zu wollen.

Aber, mein verehrter Freund, auch die irdischen Begriffe entziehen sich mir in der gleichen Weise. Wie soll ich es versuchen, Ihnen diese seltsamen geistigen Qualen zu schildern, dies Emporschnellen der Fruchtzweige über meinen ausgereckten Händen, dies Zurückweichen des murmelnden Wassers vor meinen dürstenden Lippen?

Mein Fall ist, in Kürze, dieser: Es ist mir völlig die Fähigkeit abhanden gekommen, über irgend etwas zusammenhängend zu denken oder zu sprechen.

Zuerst wurde es mir allmählich unmöglich, ein höheres oder allgemeineres Thema zu besprechen und dabei jene Worte in den Mund zu nehmen, deren sich doch alle Menschen ohne Bedenken geläufig zu bedienen pflegen. Ich empfand ein unerklärliches Unbehagen, die Worte »Geist«, »Seele« oder »Körper« nur auszusprechen. Ich fand es innerlich unmöglich, über die Angelegenheiten des Hofes, die Vorkommnisse im Parlament, oder was Sie sonst wollen, ein Urteil herauszubringen. Und dies nicht etwa aus Rücksichten irgendwelcher Art, denn Sie kennen meinen bis zur Leichtfertigkeit gehenden Freimut: sondern die abstrakten Worte, deren sich doch die Zunge naturgemäß bedienen muß, um irgendwelches Urteil an den Tag zu geben, zerfielen mir im Munde wie modrige Pilze. Es begegnete mir, daß ich meiner vierjährigen Tochter Katharina Pompilia eine kindische Lüge, deren sie sich schuldig gemacht hatte, verweisen und sie auf die Notwendigkeit, immer wahr zu sein, hinführen wollte und dabei die mir im Munde zuströmenden Begriffe plötzlich eine solche schillernde Färbung annahmen und so ineinander überflossen, daß ich den Satz, so gut es ging, zu Ende haspelnd, so wie wenn mir unwohl geworden wäre und auch tatsächlich bleich im Gesicht und mit einem heftigen Druck auf der Stirn, das Kind allein ließ, die Tür hinter mir zuschlug und mich erst zu

46

Pferde, auf der einsamen Hutweide einen guten Galopp nehmend, wieder einigermaßen herstellte.

Allmählich aber breitete sich diese Anfechtung aus wie ein um sich fressender Rost. Es wurden mir auch im familiären und hausbackenen Gespräch alle die Urteile, die leichthin und mit schlafwandelnder Sicherheit abgegeben zu werden pflegen, so bedenklich, daß ich aufhören mußte, an solchen Gesprächen irgend teilzunehmen. Mit einem unerklärlichen Zorn, den ich nur mit Mühe notdürftig verbarg, erfüllte es mich, dergleichen zu hören, wie: diese Sache ist für den oder jenen gut oder schlecht ausgegangen; Sheriff N. ist ein böser, Prediger T. ein guter Mensch; Pächter M. ist zu bedauern, seine Söhne sind Verschwender; ein anderer ist zu beneiden, weil seine Töchter haushälterisch sind; eine Familie kommt in die Höhe, eine andere ist im Hinabsinken. Dies alles erschien mir so unbeweisbar, so lügenhaft, so löcherig wie nur möglich. Mein Geist zwang mich, alle Dinge, die in einem solchen Gespräch vorkamen, in einer unheimlichen Nähe zu sehen: so wie ich ein-

mal in einem Vergrößerungsglas ein Stück
von der Haut meines kleinen Fingers gesehen
hatte, das einem Blachfeld mit Furchen und
Höhlen glich, so ging es mir nun mit den
Menschen und ihren Handlungen. Es gelang
mir nicht mehr, sie mit dem vereinfachenden
Blick der Gewohnheit zu erfassen. Es zerfiel
mir alles in Teile, die Teile wieder in Teile,
und nichts mehr ließ sich mit einem Begriff
umspannen. Die einzelnen Worte schwam-
men um mich; sie gerannen zu Augen, die
mich anstarrten und in die ich wieder hinein-
starren muß: Wirbel sind sie, in die hinab-
zusehen mich schwindelt, die sich unaufhalt-
sam drehen und durch die hindurch man ins
Leere kommt.

Ich machte einen Versuch, mich aus
diesem Zustand in die geistige Welt der Alten
hinüberzuretten. Platon vermied ich; denn
mir graute vor der Gefährlichkeit seines bild-
lichen Fluges. Am meisten gedachte ich mich
an Seneca und Cicero zu halten. An dieser
Harmonie begrenzter und geordneter Begriffe
hoffte ich zu gesunden. Aber ich konnte
nicht zu ihnen hinüber. Diese Begriffe, ich
verstand sie wohl: ich sah ihr wundervolles

Verhältnisspiel vor mir aufsteigen wie herr-
liche Wasserkünste, die mit goldenen Bällen
spielen. Ich konnte sie umschweben und
sehen, wie sie zueinander spielten; aber sie
hatten es nur miteinander zu tun, und das
Tiefste, das Persönliche meines Denkens,
blieb von ihrem Reigen ausgeschlossen. Es
überkam mich unter ihnen das Gefühl
furchtbarer Einsamkeit; mir war zumut wie
einem, der in einem Garten mit lauter augen-
losen Statuen eingesperrt wäre; ich flüchtete
wieder ins Freie.

Seither führe ich ein Dasein, das Sie,
fürchte ich, kaum begreifen können, so geist-
los, so gedankenlos fließt es dahin; ein
Dasein, das sich freilich von dem meiner
Nachbarn, meiner Verwandten und der
meisten landbesitzenden Edelleute dieses
Königreiches kaum unterscheidet und das
nicht ganz ohne freudige und belebende
Augenblicke ist. Es wird mir nicht leicht,
Ihnen anzudeuten, worin diese guten Augenblicken bestehen; die Worte lassen mich
wiederum im Stich. Denn es ist ja etwas völlig Unbenanntes und auch wohl kaum Be-
nennbares, das in solchen Augenblicken,

irgendeine Erscheinung meiner alltäglichen Umgebung mit einer überschwellenden Flut höheren Lebens wie ein Gefäß erfüllend, mir sich ankündet. Ich kann nicht erwarten, daß Sie mich ohne Beispiel verstehen, und ich muß Sie um Nachsicht für die Albernheit meiner Beispiele bitten. Eine Gießkanne, eine auf dem Felde verlassene Egge, ein Hund in der Sonne, ein ärmlicher Kirchhof, ein Krüppel, ein kleines Bauernhaus, alles dies kann das Gefäß meiner Offenbarung werden. Jeder dieser Gegenstände und die tausend anderen ähnlichen, über die sonst ein Auge mit selbstverständlicher Gleichgültigkeit hinweggleitet, kann für mich plötzlich in irgendeinem Moment, den herbeizuführen auf keine Weise in meiner Gewalt steht, ein erhabenes und rührendes Gepräge annehmen, das auszudrücken mir alle Worte zu arm scheinen. Ja, es kann auch die bestimmte Vorstellung eines abwesenden Gegenstandes sein, dem die unbegreifliche Auserwählung zuteil wird, mit jener sanft und jäh steigenden Flut göttlichen Gefühles bis an den Rand gefüllt zu werden. So hatte ich unlängst den Auftrag gegeben, den Ratten in den

Milchkellern eines meiner Meierhöfe ausgiebig Gift zu streuen. Ich ritt gegen Abend aus und dachte, wie Sie vermuten können, nicht weiter an die Sache. Da, wie ich im tiefen, aufgeworfenen Ackerboden Schritt reite, nichts Schlimmeres in meiner Nähe als eine aufgescheuchte Wachtelbrut und in der Ferne über den welligen Feldern die große sinkende Sonne, tut sich mir im Innern plötzlich dieser Keller auf, erfüllt mit dem Todeskampf dieses Volks von Ratten. Alles war in mir: die mit dem süßlich scharfen Geruch des Giftes angefüllte kühldumpfe Kellerluft und das Gellen der Todesschreie, die sich an modrigen Mauern brachen; diese ineinander geknäulten Krämpfe der Ohnmacht, durcheinander hinjagenden Verzweiflungen; das wahnwitzige Suchen der Ausgänge; der kalte Blick der Wut, wenn zwei einander an der verstopften Ritze begegnen. Aber was versuche ich wiederum Worte, die ich verschworen habe! Sie entsinnen sich, mein Freund, der wundervollen Schilderung von den Stunden, die der Zerstörung von Alba Longa vorhergehen, aus dem Livius? Wie sie die Straßen durchirren, die sie nicht mehr sehen sollen ... wie sie von den Steinen des Bodens Abschied nehmen. Ich sage Ihnen, mein Freund, dieses trug ich in mir und das brennende Karthago zugleich; aber es war mehr, es war göttlicher, tierischer; und es war Gegenwart, die vollste erhabenste Gegenwart. Da war eine Mutter, die ihre sterbenden Jungen um sich zucken hatte und nicht auf die Verendenden, nicht auf die unerbittlichen steinernen Mauern, sondern in die leere Luft, oder durch die Luft ins Unendliche hin Blicke schickte und diese Blicke mit einem Knirschen begleitete! — Wenn ein dienender Sklave voll ohnmächtigen Schauders in der Nähe der erstarrenden Niobe stand, der muß das durchgemacht haben, was ich durchmachte, als in mir die Seele dieses Tieres gegen das ungeheure Verhängnis die Zähne bleckte.

Vergeben Sie mir diese Schilderung, denken Sie aber nicht, daß es Mitleid war, was mich erfüllte. Das dürfen Sie ja nicht denken, sonst hätte ich mein Beispiel sehr ungeschickt gewählt. Es war viel mehr und viel weniger als Mitleid: ein ungeheures Anteilnehmen, ein Hinüberfließen in jene

Geschöpfe oder ein Fühlen, daß ein Fluidum des Lebens und Todes, des Traumes und Wachens für einen Augenblick in sie hinüber geflossen ist — von woher? Denn was hätte es mit Mitleid zu tun, was mit begreiflicher menschlicher Gedankenverknüpfung, wenn ich an einem anderen Abend unter einem Nußbaum eine halbvolle Gießkanne finde, die ein Gärtnerbursche dort vergessen hat, und wenn mich diese Gießkanne und das Wasser in ihr, das vom Schatten des Baumes finster ist, und ein Schwimmkäfer, der auf dem Spiegel dieses Wassers von einem dunklen Ufer zum andern rudert, wenn diese Zusammensetzung von Nichtigkeiten mich mit einer solchen Gegenwart des Unendlichen durchschauert, von den Wurzeln der Haare bis ins Mark der Fersen mich durchschauert, daß ich in Worte ausbrechen möchte, von denen ich weiß, fände ich sie, so würden sie jene Cherubim, an die ich nicht glaube, niederzwingen, und daß ich dann von jener Stelle schweigend mich wegkehre und nach Wochen, wenn ich dieses Nußbaums ansichtig werde, mit scheuem seitlichen Blick daran vorübergehe, weil ich das Nach-gefühl des Wundervollen, das dort um den Stamm weht, nicht verscheuchen will, nicht vertreiben die mehr als irdischen Schauer, die um das Buschwerk in jener Nähe immer noch nachwogen. In diesen Augenblicken wird eine nichtige Kreatur, ein Hund, eine Ratte, ein Käfer, ein verkümmerter Apfelbaum, ein sich über den Hügel schlängelnder Karrenweg, ein moosbewachsener Stein mir mehr, als die schönste, hingebendste Geliebte der glücklichsten Nacht mir je gewesen ist. Diese stummen und manchmal unbelebten Kreaturen heben sich mir mit einer solchen Fülle, einer solchen Gegenwart der Liebe entgegen, daß mein beglücktes Auge auch ringsum auf keinen toten Fleck zu fallen vermag. Es erscheint mir alles, alles, was es gibt, alles, dessen ich mich entsinne, alles, was meine verworrensten Gedanken berühren, etwas zu sein. Auch die eigene Schwere, die sonstige Dumpfheit meines Hirnes erscheint mir als etwas; ich fühle ein entzückendes, schlechthin unendliches Widerspiel in mir und um mich, und es gibt unter den gegeneinanderspielenden Materien keine, in die ich nicht hinüberzufließen vermöchte. Es ist mir dann, als bestünde mein Körper aus lauter Chiffern, die mir alles aufschließen. Oder als könnten wir in ein neues, ahnungsvolles Verhältnis zum ganzen Dasein treten, wenn wir anfingen, mit dem Herzen zu denken. Fällt aber diese sonderbare Bezauberung von mir ab, so weiß ich nichts darüber auszusagen; ich könnte dann ebensowenig in vernünftigen Worten darstellen, worin diese mich und die ganze Welt durchwebende Harmonie bestanden und wie sie sich mir fühlbar gemacht habe, als ich ein Genaueres über die inneren Bewegungen meiner Eingeweide oder die Stauungen meines Blutes anzugeben vermöchte.

Von diesen sonderbaren Zufällen abgesehen, von denen ich übrigens kaum weiß, ob ich sie dem Geist oder dem Körper zurechnen soll, lebe ich ein Leben von kaum glaublicher Leere und habe Mühe, die Starre meines Innern vor meiner Frau und vor meinen Leuten die Gleichgültigkeit zu verbergen, welche mir die Angelegenheiten des Besitzes einflößen. Die gute und strenge Erziehung, welche ich meinem seligen Vater verdanke, und die frühzeitige Gewöhnung, keine Stunde des Tages unausgefüllt zu lassen, sind es, scheint mir, allein, welche meinem Leben nach außen hin einen genügenden Halt und den meinem Stande und meiner Person angemessenen Anschein bewahren.

Ich baue einen Flügel meines Hauses um und bringe es zustande, mich mit dem Architekten hie und da über die Fortschritte seiner Arbeit zu unterhalten; ich bewirtschafte meine Güter, und meine Pächter und Beamten werden mich wohl etwas wortkarger, aber nicht ungütiger als früher finden. Keiner von ihnen, der mit abgezogener Mütze vor seiner Haustür steht, wenn ich abends vorüberreite, wird eine Ahnung haben, daß mein Blick, den er respektvoll aufzufangen gewohnt ist, mit stiller Sehnsucht über die morschen Bretter hinstreicht, unter denen er nach den Regenwürmern zum Angeln zu suchen pflegt, durchs enge, vergitterte Fenster in die dumpfe Stube taucht, wo in der Ecke das niedrige Bett mit bunten Laken immer auf einen zu warten scheint, der sterben will, oder auf einen, der geboren werden soll; daß mein Auge lange an den häßlichen jungen Hunden hängt oder an der Katze, die geschmeidig zwischen Blumenscherben durchkriecht, und daß es unter all den ärmlichen und plumpen Gegenständen einer bäurischen Lebensweise nach jenem einem sucht, dessen unscheinbare Form, dessen von niemand beachtetes Daliegen oder -lehnen, dessen stumme Wesenheit zur Quelle jenes rätselhaften, wortlosen, schrankenlosen Entzückens werden kann. Denn mein unbenanntes seliges Gefühl wird eher aus einem fernen, einsamen Hirtenfeuer mir hervorbrechen als aus dem Anblick des gestirnten Himmels; eher aus dem Zirpen einer letzten, dem Tode nahen Grille, wenn schon der Herbstwind winterliche Wolken über die öden Felder hintreibt, als aus dem majestätischen Dröhnen der Orgel. Und ich vergleiche mich manchmal in Gedanken mit jenem Crassus, dem Redner, von dem berichtet wird, daß er eine zahme Muräne, einen dumpfen, rotäugigen, stummen Fisch seines Zierteiches, so über alle Maßen liebgewann, daß es zum Stadtgespräch wurde; und als ihm einmal im Senat Domitius vorwarf, er habe über den Tod dieses Fisches Tränen vergossen, und ihn dadurch als einen halben Narren hinstellen wollte, gab ihm Crassus zur Antwort: »So habe ich beim Tode meines Fisches getan, was Ihr weder bei Eurer ersten noch Eurer zweiten Frau Tod getan habt.«

Ich weiß nicht, wie oft mir dieser Crassus mit seiner Muräne als ein Spiegelbild meines Selbst, über den Abgrund der Jahrhunderte hergeworfen, in den Sinn kommt. Nicht aber wegen dieser Antwort, die er dem Domitius gab. Die Antwort brachte die Lacher auf seine Seite, so daß die Sache in einen Witz aufgelöst war. Mir aber geht die Sache nahe, die Sache, welche dieselbe geblieben wäre, auch wenn Domitius um seine Frauen blutige Tränen des aufrichtigsten Schmerzes geweint hätte. Dann stünde ihm noch immer Crassus gegenüber, mit seinen Tränen um seine Muräne. Und über diese Figur, deren Lächerlichkeit und Verächtlichkeit mitten in einem die erhabensten Dinge beratenden, weltbeherrschenden Senat so ganz ins Auge springt, über diese Figur zwingt mich ein unnennbares Etwas in einer Weise zu denken, die mir vollkommen töricht erscheint, im Augenblick, wo ich versuche sie in Worten auszudrücken.

Das Bild dieses Crassus ist zuweilen nachts in meinem Hirn, wie ein Splitter, um den herum alles schwärt, pulst und kocht. Es ist mir dann, als geriete ich selber in Gärung, würfe Blasen auf, wallte und funkelte. Und das Ganze ist eine Art fieberisches Denken, aber Denken in einem Material, das unmittelbarer, flüssiger, glühender ist als Worte. Es sind gleichfalls Wirbel, aber solche, die nicht wie die Wirbel der Sprache ins Bodenlose zu führen scheinen, sondern irgendwie in mich selber und in den tiefsten Schoß des Friedens.

Ich habe Sie, mein verehrter Freund, mit dieser ausgebreiteten Schilderung eines unerklärlichen Zustandes, der gewöhnlich in mir verschlossen bleibt, über Gebühr belästigt.

Sie waren so gütig, Ihre Unzufriedenheit darüber zu äußern, daß kein von mir verfaßtes Buch mehr zu Ihnen kommt, »Sie für das Entbehren meines Umganges zu entschädigen«. Ich fühlte in diesem Augenblick mit einer Bestimmtheit, die nicht ganz ohne ein schmerzliches Beigefühl war, daß ich auch im kommenden und im folgenden und in allen Jahren dieses meines Lebens kein

englisches und kein lateinisches Buch
schreiben werde: und dies aus dem einen
Grund, dessen mir peinliche Seltsamkeit mit
ungeblendetem Blick dem vor Ihnen harmo-
nisch ausgebreiteten Reiche der geistigen
und leiblichen Erscheinungen an seiner
Stelle einzuordnen ich Ihrer unendlichen
geistigen Überlegenheit überlasse: nämlich
weil die Sprache, in welcher nicht nur zu
schreiben, sondern auch zu denken mir vielleicht gegeben wäre, weder die lateinische
noch die englische noch die italienische und
spanische ist, sondern eine Sprache, von
deren Worten mir auch nicht eines bekannt
ist, eine Sprache, in welcher die stummen
Dinge zu mir sprechen, und in welcher ich
vielleicht einst im Grabe vor einem unbe-
kannten Richter mich verantworten werde.

Ich wollte, es wäre mir gegeben, in die
letzten Worte dieses voraussichtlich letzten
Briefes, den ich an Francis Bacon schreibe,
alle die Liebe und Dankbarkeit, alle die
ungemessene Bewunderung zusammenzu-
pressen, die ich für den größten Wohltäter
meines Geistes, für den ersten Engländer

meiner Zeit im Herzen hege und darin hegen werde, bis der Tod es bersten macht.

Phi. Chandos

A. D. 1603, diesen 22. August